CHARLES-HILAIRE MORIN

(1828-1883)

NOTICE BIOGRAPHIQUE

CHARLES-HILAIRE MORIN

NOTICE BIOGRAPHIQUE

Charles-Hilaire MORIN est né le 30 août 1828 à l'île Maurice. Après de brillantes études au collège royal d'Angoulême, il entra, en 1848, à l'École polytechnique dont il sortit en 1850 avec le numéro 80.

Il fut alors envoyé comme sous-lieutenant-élève d'artillerie à l'École d'application de l'Artillerie et du Génie à Metz. Il resta dans cette école du 1er octobre 1850 au 23 mai 1852.

Homme d'action et de devoir, il avait pris au métier militaire un goût tel, que les pressantes instances de sa famille purent seules le décider à donner sa démission d'officier.

Une place se trouvait vacante dans l'Administration des lignes télégraphiques. On la lui offrit. Il l'accepta, après l'avoir toutefois proposée à ses camarades sortis de l'École polytechnique dans un rang supérieur au sien, et fut, le 24 mai 1852, nommé élève-inspecteur des Lignes télégraphiques à Paris.

Depuis lors il se consacra tout entier à ses nouvelles fonctions qu'il ne cessa de remplir jusqu'au bout avec un zèle et une compétence qui ne laissèrent pas que d'attirer sur lui l'attention de l'Administration et de lui faire, dans sa partie, une réputation justement méritée.

Toujours sur la brèche, quittant tout pour son service, il était le modèle du fonctionnaire voué, dans toute l'acception du mot, à la chose publique.

C'est d'abord dans les divers postes de Paris, c'est ensuite dans la construction des lignes télégraphiques, dont la direction lui avait été confiée par l'Administration, qu'il montre son ardeur infatigable au travail et son énergique volonté.

En 1861, il est appelé à la tête du Service télégraphique dans le département de la Vienne. Il vint s'établir alors à Poitiers qu'il ne devait plus quitter.

Que de sympathies n'a-t-il pas su conquérir dans ce département de la Vienne qu'il aimait et dont il n'avait jamais voulu s'éloigner !

Lorsqu'au mois de mai 1878 la fusion fut faite des Postes avec les Télégraphes, il fut chargé de l'importante direction des deux services. Il est donc resté Directeur des Postes et Télégraphes de la Vienne de 1878 à 1883.

Il avait été fait chevalier de la Légion d'honneur le 1 juillet 1880.

D'un caractère doux et bienveillant, s'occupant sans cesse de son personnel, s'effaçant luimême pour ne songer qu'aux autres, il fut le père de ses subordonnés.

De mœurs simples, d'une sensibilité exquise, ayant des délicatesses touchantes, donnant, dans son intérieur, les plus nobles exemples, il fut le père de famille par excellence.

Profondément religieux, sans ostentation comme sans faiblesse, indulgent aux autres, toujours porté à voir le bien en toutes choses, il fut le juste, selon l'esprit de l'Évangile.

La mort qui, le 24 décembre 1883, le surprit dans toute la force de l'âge, le trouva prêt. Il sut mourir comme il avait su vivre : en chrétien.

Ces quelques lignes en disent assez : elles sont écrites pour ceux qui l'ont connu et, par conséquent, aimé.

Il emporte avec lui des regrets universels. Il avait su conquérir l'estime publique et l'affection des humbles. C'était un homme de bien!

Janvier 1884.

PAROLES PRONONCÉES LE 26 DÉCEMBRE 1883

AUX

OBSÈQUES DE M. MORIN

Directeur des Postes et Télégraphes du département de la Vienne

PAR M. CHARAULT

Inspecteur.

MESSIEURS,

Avant de conduire à sa dernière demeure notre Directeur si regretté, je tiens à dire, au nom du Personnel tout entier du département, un suprême adieu au chef que nous perdons aujourd'hui.

MORIN ne fut pas seulement pour son personnel un chef, il fut aussi un protecteur.

Nul plus que lui n'a su allier à la fermeté nécessaire à la direction d'un grand service, cette bienveillance si rassurante pour tous ceux dont il tenait l'avenir entre ses mains. MORIN fut l'homme droit, loyal, franc par-dessus tout. Il fut la bonté même et c'est là, pour tous ceux qui l'ont connu, celle de ses qualités qui caractérisait le plus l'homme.

Dévoué à son service qu'il aimait, préoccupé à chaque instant des obligations multiples qu'il lui imposait, il apportait, dans l'accomplissement de ses fonctions, une activité et un zèle infatigables. Morin fut, Messieurs, le chef et le fonctionnaire par excellence.

Depuis plus de vingt-cinq ans à Poitiers, sa ville d'adoption, il a su y conquérir, en dehors de l'Administration, une sympathie universelle. Personne, plus que lui, n'y était connu et estimé ; aussi, le jour où la mort est venue l'atteindre, une explosion unanime de regrets s'est-elle produite autour de cet homme de bien.

Nous n'oublierons jamais, pour notre part, la grande affection dont ce chef si bon nous avait honoré (1).

L'Administration surtout fait une grande perte et, reconnaissant les bons et honorables services

---

(1) M. Charault, fait chevalier de la Légion d'honneur pendant le siége de Paris, et pour lequel il avait toujours professé une estime particulière, avait été choisi par lui comme parrain lors de sa promotion au grade de chevalier de la Légion d'honneur.

de Morin dont elle avait fait déjà un chevalier de la Légion d'honneur, elle adresse à sa famille la douloureuse expression de tous ses regrets.

Puissent, Messieurs, ce témoignage et l'émotion de cette foule, accourue de tous les points du département pour rendre les derniers devoirs à celui que nous pleurons, être pour tous les siens, une consolation dans l'affreux malheur qui vient de les frapper !

Mon cher Directeur, adieu !

EXTRAIT

DU

COURRIER DE LA VIENNE

Du 28 Décembre 1883

Le *Courrier* a mentionné hier les obsèques de M. Morin, Directeur des Postes et des Télégraphes de la Vienne, Chevalier de la Légion d'honneur et ancien élève de l'École polytechnique, obsèques qui se sont célébrées à l'église Saint-Hilaire, au milieu d'une affluence considérable de personnes, venues, sans distinction d'opinion ni de parti, rendre un public et solennel hommage à la mémoire du regretté défunt. Les nombreuses et magnifiques couronnes qui couvraient son cercueil, témoignaient du vif attachement et de la reconnaissance profonde que lui portaient ses amis et ses subordonnés.

Cependant, nous avons omis de dire et nous sommes heureux d'apprendre aujourd'hui à nos lecteurs que M. Morin s'est préparé à la mort avec les plus admirables sentiments de la foi et de la piété chrétiennes.

Celui que vient de perdre le service du département n'était pas seulement un homme honorable selon toute la belle acception de ce mot, un homme distingué, obligeant pour tous et entièrement dévoué à son devoir professionnel, c'était aussi un chrétien, et, par le temps qui court, il lui fallait, on en conviendra, quelque courage pour ne pas craindre de le paraître. Mais son grand cœur ne connut jamais les lâchetés du respect humain ni les basses capitulations de la conscience. Il trouvait dans l'accomplissement sincère des pratiques religieuses une source de dignité morale, en même temps qu'une consolation et une force.

Aussi, dès qu'il se vit mortellement atteint et frappé au cœur par un mal incurable, sa première pensée fut d'appeler un prêtre de la ville (1), à qui

(1) M. l'abbé Bleau, aumônier du Lycée.

il avait donné toute sa confiance et toute sa sympathie, et qu'il aimait à retenir chaque jour près de son chevet, pour s'entretenir avec lui des choses de Dieu, de la conscience et de la vie future. « Mon cher abbé, lui disait-il, avec un accent de virile énergie, je veux mourir en chrétien !... »

Huit jours avant sa mort, il reçut la sainte Eucharistie avec la ferveur d'un néophyte, récitant à haute voix les actes préparatoires et s'écriant plusieurs fois après sa communion : « Mon Dieu que vous êtes bon ! merci, mon Dieu !... » Les témoins de cette scène édifiante étaient émus jusqu'aux larmes.... Le lendemain il se plaisait à redire aux membres de sa famille que sa communion de la veille avait été un des plus grands bonheurs de sa vie. Ce qui l'avait aussi particulièrement touché, c'était ce salut que la liturgie catholique place sur les lèvres du prêtre au moment où il entre dans une maison pour y porter les sacrements divins : « *Pax huic domui et omnibus habitantibus in eâ*, paix à cette demeure et à tous ceux qui l'habitent. »

Voilà quelle a été la mort édifiante de cet homme de bien. L'honorable M. Morin aura cette gloire d'avoir donné à tous, dans sa vie et dans sa mort, les plus nobles exemples d'honneur, de loyauté, de grand caractère et de foi chrétienne.

Que Dieu lui donne cette paix, dont le souhait amical lui causait tant de joie à l'heure de ses derniers moments !...

EXTRAIT

DU

JOURNAL DE L'OUEST

Des mercredi 26 et jeudi 27 décembre 1883

M. Morin, Directeur des Postes et des Télégraphes du département de la Vienne, est mort lundi dernier, enlevé, en quelques jours, par une maladie inexorable. M. Morin était dans toute la vigueur de l'âge et de l'intelligence. C'était un excellent administrateur, doublé d'un savant, qui joignait à une valeur réelle, les mérites distingués de l'homme du monde.

M. Morin prêtait naturellement son concours au Gouvernement dont il était l'un des fonctionnaires les plus élevés dans l'ordre hiérarchique départemental; mais l'on peut dire, sans manquer de respect à sa mémoire, que plus il avançait dans la carrière administrative, plus il aimait à se consacrer à ses fonctions et à se dégager de toute préoccupation étrangère.

Le zèle politique n'excusait pas à ses yeux les manquements au devoir professionnel, et, s'il n'eût dépendu que de lui, l'Administration des Postes, dans le département de la Vienne, se fût tenue au-dessus de la lutte des partis. M. Morin était capable d'une réelle énergie pour défendre ses subordonnés contre la passion politique ; quand il échouait dans cette noble tâche, il en ressentait un véritable déplaisir. Aussi était-il adoré de ses employés, qui hier, ont envoyé, pour être déposée sur le cercueil de leur regretté Directeur, une superbe couronne.

M. Morin était ancien élève de l'École polytechnique. Il avait à peine 56 ans. Tout lui promettait des jours heureux au sein d'une famille qui était sa fierté et sa joie. On le croyait plein de vie ; quelques heures de maladie l'ont terrassé. Où est l'homme heureux ici-bas ? demande un proverbe persan. Il n'est point ! Heureux cependant ceux qui, comme M. Morin, laissent derrière eux, à l'opinion publique, un souvenir sympathique et à leur famille d'honorables exemples.

EXTRAIT

DU

JOURNAL DES POSTES ET TÉLÉGRAPHES

Du 19 Janvier 1884

NÉCROLOGIE

Le 24 décembre dernier est décédé à Poitiers, à l'âge de 55 ans, M. MORIN Charles-Hilaire, Directeur des Postes et des Télégraphes du département de la Vienne. Ancien élève de l'École polytechnique, ancien officier d'Artillerie, il s'était distingué de bonne heure dans la carrière administrative qu'il avait embrassée. Ayant passé par tous les grades qui forment le véritable administrateur, il avait acquis cette expérience des hommes et des choses qui, plus tard, devait le conduire aux hautes fonctions au milieu desquelles la mort l'a surpris.

Cet homme, si populaire et si aimé, ce fonctionnaire si éminent et si distingué par son élévation d'esprit et de caractère, a été enlevé à sa famille et à ses amis en quelques jours, par une maladie implacable. Au premier bruit de ce douloureux événement, chacun s'interrogeait dans le doute, ayant vu, la veille encore, cet homme plein de vie et de santé. Cependant cette chute n'était pas mortelle, l'espoir était revenu et les médecins semblaient s'y abandonner; mais, hélas! cet espoir fut de courte durée. Après des douleurs sans nombre, sans avoir perdu un seul instant ses facultés intellectuelles, après avoir réglé ses affaires de famille et dit un dernier adieu à ses parents et à ses amis, il s'est éteint doucement, en chrétien fervent, dans les bras de son fils.

Spectacle navrant de voir se briser ainsi, par une mort prématurée, tant d'énergie et d'espérance!

M. Morin était aimé de tous; il était l'honneur de l'Administration qu'il servait depuis trente ans. Ami dévoué, âme bienveillante et affectueuse, caractère aimable et presque jovial, simple dans ses manières, dans ses goûts et jusque dans ses relations, on ne pouvait le connaître sans l'aimer. Il réunissait en lui, dans une parfaite harmonie, les dons précieux qui font l'homme éminent par l'élévation et la noblesse de ses sentiments. Comme époux, comme ami, comme fonctionnaire, ce fut un homme parfait, entouré d'estime et de considération. Droiture de cœur, intégrité absolue, et, avec tout cela, une aimable simplicité, une sorte de naïveté et de candeur dans ses rapports avec son personnel et ses amis ; familiarité douce et affectueuse, égalité et indulgence envers tous : brillantes qualités, hélas ! trop tôt évanouies devant la mort.

Le lendemain, une foule nombreuse se pressait à la maison mortuaire pour saluer une dernière fois ce cercueil que le train rapide allait bientôt emporter à Bordeaux, où se trouve le tombeau de famille.

Deux grandes couronnes formées de fleurs naturelles, lilas et camélias blancs, offertes en souvenir par une souscription spontanée du personnel, avaient été déposées sur le cercueil. Malgré l'heure matinale, de nombreux amis étaient accourus de tous les points du département, et l'on peut dire que tout Poitiers était là : Magistrats, officiers, généraux et fonctionnaires de tous grades. Un piquet de soldats formait la haie, car M. MORIN, en récompense de ses bons et loyaux services, avait été fait chevalier de la Légion d'honneur.

Avant de se séparer et comme suprême adieu, l'Inspecteur du département a prononcé une allocution funèbre, que résume admirablement cette belle parole de l'Écriture : « *Transiit bene faciendo.* » « Il a passé en faisant le bien. »

MONNET Isidore,
Commis de direction à Poitiers.

Poitiers. — Impr. Tolmer et Cie. — 1796.

4φ

BIBLIOTHEQUE NATIONALE DE FRANCE
3 7502 00854704 6

www.ingramcontent.com/pod-product-compliance
Ingram Content Group UK Ltd.
Pitfield, Milton Keynes, MK11 3LW, UK
UKHW020416220726
13923UKWH00004B/1986

9 782019 626266